18,227.

Pour Monsieur Prévost Chef de la 1re. Divis.

 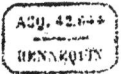

CONSULTATION
EN FORME DE MÉMOIRE JUSTIFICATIF
DE M.e CHAUVEAU-LAGARDE,
Avocat aux Conseils du ROI;

Pour M. TINTELIN, Garde-magasin des Subsistances militaires dans le Département de l'Ariège.

CONSULTATION

De M.ᵉ CHAUVEAU-LAGARDE, *Avocat aux Conseils du Roi*;

Pour le Sieur TINTELIN, Garde-Magasin des Vivres de la guerre, Département de l'Ariège, à Foix.

LE Sieur Tintelin doit-il être responsable de la perte des biscuits qui ont été enlevés des magasins d'Ax par les insurgés espagnols, les 19 et 22 février 1812 ?

Son Exc. l'ex-Ministre Directeur de l'Administration de la guerre a jugé par deux décisions, des 28 octobre et 25 janvier 1813, que ce Garde-magasin devait répondre de cette perte, sous le prétexte qu'elle était *l'effet de sa négligence* à exécuter les ordres qui lui avaient été donnés par la décision du 16 novembre 1811, approbative de la mesure que l'Ordonnateur de la 10.ᵉ division militaire avait prise, de faire *évacuer sur Foix et sur Pamiers* les approvisionnemens composant cette réserve.

En vain le Sieur Tintelin justifie-t-il par les procès-verbaux des 1.ᵉʳ et 28 décembre 1811, qu'il avait opéré cette *évacuation* de tout son pouvoir ; Son Excellence prétend qu'il est condamnable pour n'avoir *pas continué et terminé* son opération ainsi qu'il l'avait *commencée* : et en conséquence, en reconnaissant qu'il ne peut être passible de l'enlèvement des denrées du service ordinaire, qu'elle l'autorise à porter en dépense dans ses comptes comme des pertes provenant *de force majeure*, elle juge qu'il doit supporter *la perte de l'enlèvement des biscuits de réserve*.

Cette décision est-elle conforme à la justice ?

Un mot suffit pour en démontrer l'évidente erreur : c'est qu'il n'a pas dépendu ni pu dépendre de la volonté du Sieur Tintelin de continuer son opération, et que par conséquent il est impossible d'imputer les événemens à la *prétendue négligence* qui lui est si injustement reprochée.

Cette vérité se prouve par des faits constans et par des pièces qui étaient alors en partie ignorées de Son Excellence ; mais que le Sieur Tintelin peut avoir maintenant l'honneur de produire sous les yeux de SA MAJESTÉ, et de lui faire connaître.

En effet, c'est le 16 novembre 1811, que le Sieur Tintelin a reçu du Commissaire l'ordre de faire évacuer sur Pamiers les farines et les biscuits qui étaient en réserve dans la ville d'Ax.

Il faisait alors un temps affreux, qui ne permettait pas le transport d'objets aussi susceptibles d'avarie ;

D'ailleurs, le pont de Perles et la côte de Lassur n'offraient qu'un passage extrêmement périlleux : puisqu'ils sont, ainsi que le prouve le certificat de MM. les Négocians de la ville d'Ax (n.° 4), un écueil pour les meilleurs attelages.

Et enfin il n'y avait encore à Pamiers aucun local destiné à recevoir les munitions, ainsi que le constate la lettre du 28 novembre 1811 de M. le Commissaire ordonnateur. (n.° 5.)

Il était donc impossible alors au Sieur Tintelin d'exécuter l'ordre qu'il avait reçu, et il fit part de cette *impossibilité absolue* par une lettre du 18 novembre qu'il eut l'honneur d'envoyer non-seulement à M. Villot, Contrôleur général à Perpignan, mais encore à M. le Directeur général lui-même, et qu'il accompagna du certificat des Négocians de la ville d'Ax qui en attestaient la véracité. (Voyez les n.°ˢ 7 et 4.)

Cependant le Sieur Tintelin, impatient d'obéir, n'a rien négligé, d'ailleurs ou plutôt il a fait tout ce qui était en son pouvoir pour surmonter les obstacles réellement insurmontables qui s'y opposaient. Il obtint de M. le Maire et de M. le Sous-Préfet un local à l'Evêché, propre à recevoir les biscuits en dépôt ; ensuite, et du moment où il eut un local et un temps propre à opérer l'évacuation, il l'a commença avec le plus de célérité possible : cela est reconnu par la décision même qui le condamne, puisqu'il y est dit, « que dès le » 28 *décembre plus du tiers de la réserve était déjà évacuée ;* » et telle était même à cette époque la difficulté des transports, que la veille même du jour où il reçut l'ordre de l'évacuation, les avis de M. le Général Miquel et de M. le Préfet qui lui furent communiqués, et notamment le premier, portaient ; « que d'après » *le nombre des troupes qui occupaient Ax et les difficultés qu'opposait la saison, on pouvait ajourner le* » *transport des magasins.* »

D'ailleurs, ce qui restait à Ax de cette réserve était nécessaire à la consommation des troupes. C'est ce que prouve l'ordre même de M. le Commissaire des guerres, où en parlant de cette réserve entamée pour les besoins de l'armée, il déclare « *que d'après l'opinion par écrit de M. le Préfet, il ne trouve aucun incon-* » *vénient à ce que cette réserve reste à Ax pour la consommation journalière.* » (n.° 3.)

Aussi M. le Général Avice (*), instruit de cette évacuation en témoigna-t-il au Sieur Tintelin son mécontentement, en lui donnant l'ordre verbal de rallentir ses versemens sur Pamiers ; et M. le Commissaire des guerres, à qui le Général avait fait la même invitation, le confirma à M. Tintelin et le lui fait exécuter.

Sans doute le Sieur Tintelin n'était point, comme Garde-magasin des vivres, et d'après la hiérarchie administrative des pouvoirs, le subordonné immédiat du Général ; et il n'avait pas, à proprement parler, d'ordres à recevoir de lui, en ce qui concernait son ministère.

(*) Il faut savoir que M. le Général Baron Avice remplaça M. le Général Miquel, et arriva à Foix du 20 au 23 décembre 1811 ; que M. le Commissaire des guerres Quernest eut ordre de se rendre à Mayence, et partit le 10 février 1812, en remettant le service du Commissariat à M. le Sous-Préfet de Foix.

Mais enfin, comme il importe que pour le bien du service public, toutes les autorités civiles et militaires agissent d'intelligence pour arriver au même but, le Sieur Tintelin ne crut pas devoir dédaigner un ordre, ou si l'on veut, une remontrance qui lui paraissaient conformes à l'intérêt du service.

Aussi, avant de l'exécuter prit-il la précaution d'en faire part par deux lettres des 23 décembre 1811 et 12 janvier 1812, non-seulement à M. le Contrôleur du service de la 10.ᵉ division militaire, mais encore à M. le Comte Maret, Conseiller d'état et Directeur général des vivres. (Voyez n.ᵒˢ 6 et 8.)

Quel fut l'effet de cette communication? il est bien important de le remarquer. C'est que, ni M. le Directeur général, ni M. le Contrôleur ne lui firent aucune remontrance, aucune réclamation.

Ce n'est pas tout encore : à cette même époque, les besoins du service exigèrent que ce biscuit, dont l'évacuation avait été suspendue, restât dans la ville d'Ax; et en effet le Sieur Tintelin reçut du Contrôleur à Perpignan, le 29 janvier, l'ordre de l'y conserver; et le biscuit fut mis en distribution.

Alors le premier février, le Sieur Tintelin écrivit à M. le Commissaire des guerres pour lui demander l'autorisation de faire venir d'Ax ou de Pamiers le biscuit nécessaire aux distributions *de Foix* : et en conséquence le transport en fut exécuté *dès le lendemain* 2, ainsi que le prouvent les deux procès-verbaux d'expédition et de réception, des 2 et 3 février, annexés au présent Mémoire (n.ᵒˢ 14 et 16.)

A la vérité, les mouvemens des Espagnols annoncèrent bientôt qu'il devenait indispensable d'en consommer l'évacuation pour ne pas le laisser tomber dans les mains des insurgés.

Mais aussi le Sieur Tintelin s'empressa-t-il, le 13 février, d'écrire à M. le Général : que les consommations du biscuit ayant arrêté son transport à Pamiers, et vu les mouvemens des Espagnols dans ces contrées, il le priait de mettre à sa disposition 30 voitures pour son entière évacuation. Il présenta aussi la même demande à M. le Sous-Préfet, faisant fonctions de Commissaire des guerres; mais, ni M. le Général, ni M. le Sous-Préfet ne jugèrent à propos de lui accorder ce qu'il demandait, dans la crainte d'allarmer le Département; et c'est alors que le biscuit fut pillé. (Voyez les n.ᵒˢ 19 et 17.)

Le Sieur Tintelin peut-il être responsable de cette perte ? ou bien, en d'autres termes, est-il vrai qu'on *puisse l'imputer à sa négligence* ?

MOYENS.

Les faits qui précèdent, et dont on ne peut nier la vérité, puisqu'ils sont tous appuyés de pièces justificatives, démontrent, jusques à l'évidence, que le pillage des biscuits en question doit être imputé, non pas à la *négligence du Sieur Tintelin*, mais à la *fatalité des circonstances*; et par conséquent à une *force majeure*, dont il serait souverainement injuste de le rendre responsable, puisqu'il est incontestable que, depuis l'époque où il a reçu l'ordre de l'évacuation jusques à celle de l'invasion de l'ennemi, il n'est pas un seul instant où l'on puisse lui reprocher d'avoir négligé de prendre toutes les mesures qui étaient en son pouvoir.

D'abord, il est reconnu par la décision même de Son Excellence qui le condamne, que le Sieur Tintelin *n'a mis aucune négligence* à opérer l'évacuation qui lui était commandée depuis le 16 novembre où il en a reçu l'ordre, jusques au 28 décembre suivant; puisqu'il y est dit : « que dès cette dernière époque du 28 » décembre, plus du tiers de la réserve était déjà évacuée. » Eh ! comment en effet pourrait-on nier le zèle et l'activité qu'il y a mises ? Telle était dans le principe la difficulté des transports que, la veille même du jour où le Sieur Tintelin reçut l'ordre de l'évacuation, les avis de M. le Général Miquel et ceux de M. le Préfet, des 15 et 16 novembre, annonçaient : que, « d'après le nombre des troupes qui occupaient *Ax*, et les » difficultés qu'opposait *la saison*, on pouvait ajourner le transport des magasins; et que *nulle crainte ne* » *devait s'élever là-dessus.* » En second lieu, le certificat des Négocians d'Ax, du 12 avril, ainsi que la lettre de M. l'Ordonnateur, en date du 28 novembre, prouvent qu'en effet *le roulage était impossible à cette époque*, et que d'ailleurs il n'y avait à Pamiers *aucun magasin où le biscuit put être déposé*. Cependant le Sieur Tintelin ayant fait des démarches pour obtenir un local à Pamiers, et M. le Commissaire ordonnateur ayant en conséquence écrit au Commissaire des guerres, pour autoriser la location des salles dépendantes de l'Evêché de cette Ville, il a fallu que cette autorisation fut transmise au Sieur Tintelin; il a fallu qu'il se rendît de suite à Pamiers pour traiter de la location; il a fallu un temps quelconque pour exécuter cet arrangement. Il n'a pu, dès-lors, commencer *l'évacuation que dans les premiers jours de décembre*, et par conséquent lorsque, malgré les obstacles presqu'insurmontables de la saison et des routes, *et malgré la distance de plus de dix lieues*, le Sieur Tintelin *avait déjà opéré au 28 décembre plus du tiers de l'évacuation* : il est incontestable que, jusques à ce moment du 28 décembre, loin qu'on puisse lui reprocher la moindre négligence, au contraire il a mérité, par son zèle et son activité, les plus grands éloges.

Ce serait donc seulement, à dater de cette époque du 28 décembre, qu'il aurait pu se rendre coupable d'une négligence condamnable; et c'est en effet ce que la décision de Son Excellence paraît supposer.

Mais sa conduite prouve encore le contraire, parce qu'il est encore démontré qu'à cette époque il a été *forcé de suspendre les transports.*

D'abord ils sont devenus physiquement impossibles *pendant la première quinzaine de janvier*, puisque les *pluies* et les *verglas* rendirent alors les chemins absolument impraticables : c'est ce que prouve le certificat des Négocians d'Ax. (Voyez le n.ᵒ 4.)

Ensuite, il devint alors nécessaire de suspendre l'évacuation des biscuits, et de les laisser à Ax pour la consommation des troupes. Ax, Mereus, l'Hospitalet et la vallée de Carol ne pouvaient s'alimenter que par l'entrepôt de la première de ces Villes. (Voyez la note *a* du n.ᵒ 19.)

C'était à Ax que refluaient de tous côtés les troupes pour s'opposer à de nouvelles incursions. Si l'évacuation d'Ax avait continué sur Pamiers, où il n'y avait personne à nourrir, il aurait fallu faire ensuite reporter à *Ax* le biscuit qu'on en aurait sorti, et qui y était indispensable à la consommation de cette Place. M. l'Ordonnateur aurait, avec raison, condamné les déplacemens successifs d'une denrée devenue nécessaire à nos troupes, ainsi que les dépenses inutiles que ces mouvemens successifs auraient entraînées; et, en effet, rien n'eut été plus contraire aux règles d'une bonne administration et à l'économie qui doit y présider.

Aussi est-il incontestable qu'alors, et d'après toutes ces considérations, M. le Général Avice et M. le Commissaire des guerres donnèrent au Sieur Tintelin l'ordre verbal de suspendre l'évacuation : si l'un et l'autre le niaient, leur mémoire serait alors évidemment en défaut : et d'ailleurs, il serait naturel de penser qu'ils se regardent, sans y songer, comme intéressés à se décharger de la responsabilité, pour la rejeter toute entière sur le Garde-magasin.

En effet, leur erreur ou l'inexactitude de leur tardive dénégation sont démontrées *par des faits constans* et par la nature même des choses. Cela du moins est évident à l'égard de M. le Commissaire Quernest, puisqu'il paraîtrait soutenir aujourd'hui n'avoir jamais eu la moindre connaissance des obstacles qui se sont opposés à l'exécution de l'ordre de l'évacuation, tandis qu'il est prouvé par la lettre de l'Ordonnateur, en date du 28 novembre, que dès le 22 du même mois ce Commissaire lui avait fait connaître les difficultés qu'il y avait à trouver à Pamiers un local convenable; tandis que par lui-même il était instruit tous les jours, non-seulement de cet embarras, mais encore de celui qui résultait de la rigueur de la saison et du défaut des transports; tandis qu'il visait chaque cinq jours les états de situation du Réclamant; qu'il connaissait parfaitement les quantités transportées à Pamiers ou qui restaient à Ax, et qu'il devait surveiller l'exécution de son ordre du 16 novembre, et se faire rendre compte des progrès de l'évacuation; elles sont encore démontrées par le procès-verbal d'expédition du biscuit, en date du 2 février, n.º 14, où l'on voit que M. le Sous-Préfet, suppléant le Commissaire des guerres, n'a agi que de son autorisation.

En effet, n'est-il pas évident, que s'il n'avait pas donné au Sieur Tintelin l'ordre de prendre à Pamiers du biscuit pour les distributions à Foix, le Commissaire n'aurait pas autorisé le Sous-Préfet à le suppléer dans l'expédition qui devait en être faite? Or, cette autorisation existe, elle est prouvée par le dire du Sous-Préfet : donc l'ordre avait été donné. Ceci devient encore plus sensible, et est prouvé jusqu'à la démonstration si l'on suit le biscuit jusqu'à sa destination; car on trouve que c'est M. le Commissaire Quernest qui en constate la réception et l'entrée en magasin. Dira-t-il après cela qu'il n'avait pas donné l'ordre? Mais s'il ne l'eût pas en donné, loin de constater le versement du biscuit du magasin de Pamiers dans celui de Foix, le Commissaire s'y serait refusé, aurait blâmé la conduite du Garde-magasin, dressé procès-verbal contre lui, l'aurait forcé à les réintégrer dans le magasin de Pamiers, et lui aurait prescrit de plus fort l'exécution de son ordre du 16 ; il n'en a rien fait : donc il a approuvé la conduite du Garde-magasin : donc en faisant opérer cette translation, ce dernier n'a fait qu'exécuter l'ordre du Commissaire.

En vain ici voudrait-on opposer au Réclamant qu'il ne devait pas s'adresser au Général et au Sous-Préfet, mais à ses Chefs et aux Autorités supérieures dans l'Administration, c'est-à-dire, au Commissaire des guerres employé dans le Département comme l'Agent en chef de ce service, et au Contrôleur de ce service dans la 10.ᵉ Division. Le Réclamant ne pouvait pas écrire au Commissaire des guerres, puisqu'il avait, comme lui, reçu l'invitation ou plutôt l'ordre de ne point presser l'évacuation sur Pamiers, et que le Commissaire Quernest lui a fait ou laissé du moins exécuter, avant son départ, cet ordre formel. On sait aussi que l'Agent en chef ne se mêlait point de l'approvisionnement de réserve; enfin, que M. Villot, Contrôleur de ce service, seul chargé de cet objet, en a été informé en même-temps que M. le Directeur général.

Ainsi donc et jusques à ce moment où les Espagnols rendirent nécessaire et pressante l'entière évacuation, on ne peut reprocher au Réclamant aucune négligence : et ce serait donc à dater de cette époque seulement qu'il en serait coupable.

Mais la demande qu'il fit alors, et dès le 13 février, des 30 voitures qu'il jugeait nécessaires au transport, n'ayant pas eu lieu par des considérations d'ordre public, le Sieur Tintelin a dû respecter le motif du refus qu'il éprouvait, sans l'approfondir et sur-tout sans le désapprouver; et par conséquent, il est impossible de lui en imputer à crime les conséquences.

Il est donc en dernière analyse démontré que la perte du biscuit dont il s'agit, n'est pas l'effet de la négligence du Sieur Tintelin; mais seulement l'effet d'une force majeure dont il ne peut être responsable.

En vain dirait-on, conformément aux décisions des 28 octobre 1812 et 25 janvier 1813, que le Sieur Tintelin n'aurait pas dû se croire enchaîné par les ordres ou si l'on veut par les représentations du Général, qui n'était point son supérieur dans l'ordre administratif; qu'il aurait dû regarder sa responsabilité comme bien à couvert par l'ordre d'évacuation qui n'était point rapporté; et qui, malgré les obstacles que la saison et les circonstances opposaient à l'évacuation, elle n'aurait pas été absolument impossible s'il n'avait pas attendu le mouvement des Espagnols pour demander au Général des voitures de transport : tout cela ne constitue pas le Sieur Tintelin *en une négligence coupable*; d'ailleurs il est constant qu'il n'a agi que *par l'amour de son devoir* et dans la *conviction* qu'il faisait *le bien du service*, car enfin, la justice et la raison ne pouvaient exiger de lui rien autre chose. Or, quand il a souscrit au vœu du Général, il a dû croire, et en effet, il a cru faire une chose utile au bien du service. Dès-lors il n'a suspendu l'évacuation que par la nécessité morale où il s'est trouvé de la suspendre, et il devait même se croire, en agissant de la sorte, d'autant plus à l'abri des reproches, qu'il agissait conformément à l'opinion de M. le Commissaire des guerres et de M. le Préfet. D'ailleurs, sa déférence à des ordres et des opinions d'autant plus respectables pour lui, qu'ils lui paraissaient avantageux au service militaire; sa déférence n'a pas été purement passive, puisqu'avant de rester inactif il a consulté, par les lettres des 23 décembre 1811, et 1.er et 12 janvier 1812, M. le Contrôleur du service, ainsi que M. le Directeur général des vivres, et qu'ils n'ont point désapprouvé sa conduite.

On ne doit donc pas, pour être juste envers lui, s'arrêter à la *possibilité prétendue* de l'évacuation : il ne s'agit point de savoir s'il *pouvait* agir autrement : il n'est question que de savoir si, en agissant comme il l'a fait, il s'est rendu par cela seul coupable d'une véritable négligence, il y aurait une rigueur extrême à le juger autrement ; et ce serait ici le cas d'appliquer cette maxime de raison universelle, que *la rigueur extrême du droit serait une extrême injustice* ; *summum jus, summa injuria.*

Les circonstances et la conduite antérieure du Sieur Tintelin, ainsi que les services par lui rendus à l'Administration, réunis à sa moralité bien connue, sont d'ailleurs des motifs bien puissans pour ne pas le traiter avec tant d'injustice et de sévérité. (Voyez l'extrait de la lettre de satisfaction, page 15, de M. le Comte Maret, qui prouve que le Réclamant, par ses instructions, sauva avec son Préposé et M. de Clauselles, actuellement Membre de la Chambre des Députés, et alors Maire de la Ville d'Ax, une bien plus conséquente réserve, lors de la 1.re entrée des Espagnols dans cette Place.)

Depuis 23 ans qu'il est comptable, il n'a cessé de mériter l'estime générale de ses Chefs, dans les différens postes qui lui ont été confiés, par l'ancienne ainsi que par la nouvelle Administration de la guerre ; c'est ce qui résulte des certificats qu'il produit à l'appui de cette Consultation, (page 10 et suivantes.)

Or, cette dernière considération, ajoutée aux raisons ci-dessus exposées, doit déterminer la Justice en sa faveur ; et l'on peut dire qu'ici l'intérêt général de l'Administration est d'accord avec son intérêt personnel, en ce qu'il importe de récompenser plutôt que de porter au découragement ses fidèles Préposés.

Nous pensons donc en dernière, que les décisions des 28 octobre 1811 et 25 janvier 1812, doivent être annulées ; et en regardant comme certain qu'elles le seront, nous croyons donner à l'Autorité supérieure qui doit en connaître, une preuve de notre confiance respectueuse.

Délibéré à Paris, ce 12 Juillet 1814.

CHAUVEAU-LAGARDE, Avocat aux Conseils du Roi.

PIÈCES JUSTIFICATIVES

A JOINDRE

AU MÉMOIRE DE M. TINTELIN,

GARDE-MAGASIN DES VIVRES DANS LE DÉPARTEMENT DE L'ARIÈGE;

Relatives au pillage du biscuit existant à Ax à la seconde entrée des Espagnols dans cette Place, et aux Décisions de Son Exc., des 28 Octobre 1812 et 25 Janvier 1813.

N.° 1.er
VIVRES
DE LA GUERRE.

2.e DIVISION.

5.e SECTION.

BUREAU
des affaires générales.

N.° 180.

Nota. Rappeler dans la réponse l'indication de la Division et du Bureau.

R/. N.° 18.

MINISTÈRE DE L'ADMINISTRATION DE LA GUERRE.

Paris, le 11 Février 1813.

LE COMTE DE L'EMPIRE,

Conseiller-d'État, Directeur général des Vivres de la Guerre,

A Monsieur Tintelin, *Garde-Magasin, à Foix.*

Son Excellence le Ministre Directeur a statué, Monsieur, sur la perte résultant du pillage des denrées existant dans les places d'*Ax, Tarascon* et *Lhospitalet*, lors de la 2.e irruption des insurgés espagnols dans le département de l'Ariège, au mois de février 1812.

Les décisions qu'a rendues Son Excellence les 28 octobre et 25 janvier derniers, portent en substance ce qui suit :

1.° La perte des denrées prises et enlevées à la réserve d'*Ax*, doit être attribuée à la non-exécution de la décision du 28 novembre 1811, qui approuvait la mesure prise par l'Ordonnateur de la 10.e division militaire de faire évacuer sur *Foix* et sur *Pamiers* les approvisionnemens composant cette réserve ;

2.° Les moyens de défense et les pièces à l'appui, produits par le Garde-magasin (j'avais transmis les uns et les autres à Son Excellence le 27 juin dernier) ont démontré, après examen, qu'il ne pouvait être possible de l'enlèvement des denrées du service ordinaire ; mais qu'à l'égard du biscuit de réserve, il n'était aucunement justifié de n'avoir pas continué l'évacuation.

En effet :

1.° L'ordre d'évacuer le biscuit de la réserve d'*Ax* était formel ; l'évacuation sur *Foix* et même sur *Pamiers* devait être opérée le plus promptement possible ;

2.° Cette opération commencée, ainsi que le constatent les procès-verbaux des 1.er et 28 décembre 1811, aurait dû être continuée et terminée dans les premiers jours de janvier ;

3.° Le Garde-magasin de l'Ariège fait valoir l'intempérie de la saison ; mais le mauvais temps n'a pas duré assez constamment depuis le 16 novembre, date de la notification officielle de l'ordre d'exécution, jusqu'au mois de février suivant, pour qu'il n'ait pas été possible de faire transporter le biscuit restant encore à *Ax*, sans craindre de le voir encore s'avarier. La distance d'*Ax* à *Pamiers* n'est d'ailleurs que de dix lieues, par une route de poste praticable en tout temps ; et dès le 28 décembre plus du tiers de cette réserve était déjà évacuée ;

4.° Le Garde-magasin objecte le mécontentement que le général Avice aurait témoigné au sujet de cette évacuation ; mais ce mécontentement, s'il a existé, n'était pas une raison au Garde-magasin pour suspendre l'exécution d'une mesure prescrite par l'Ordonnateur de la 10.e division militaire et approuvée par le Ministre directeur de l'administration de la guerre ;

5.° Le contr'ordre que le Garde-magasin a imaginé que pouvait obtenir le général Avice, ne devait pas non plus ralentir des transports qu'il avait reçu l'ordre formel d'exécuter le plus rapidement possible. Selon ce Garde-magasin, il aurait dès l'origine informé les autorités supérieures de l'invitation qui lui avait été faite, par ce général, de ne pas presser l'exécution, et il les aurait consultées sur la question de savoir s'il devait y déférer. Par autorités supérieures, on ne peut entendre que celles auxquelles le Garde-magasin est subordonné ; c'est-à-dire le Commissaire des guerres employé dans le département de l'Ariège, l'Agent en chef du service, et le Contrôleur de ce service dans la 10.e division ; et aucun d'eux n'a révoqué l'ordre d'évacuer la réserve d'*Ax* sur *Pamiers* ;

Le Commissaire des guerres a déclaré au contraire n'avoir jamais reçu une seule ligne qui put le prévenir ni de la non-exécution de l'ordre qu'il avait donné le 16 novembre 1811, ni même du moindre obstacle qui ait pu s'y opposer. Ce n'est qu'après le pillage que le Garde-magasin a informé de tout ce qu'il avait fait ;

6.° C'est en vain aussi qu'il se prévaut d'un ordre de distribuer du biscuit tous les cinq jours aux troupes stationnées à *Ax* à cette époque, ainsi qu'à celles qui y étaient attendues ; comme ayant encore ajouté à ses incertitudes, et qu'il met en considération la dépense résultant du double transport d'*Ax* sur *Pamiers*, pour l'évacuation ; et de *Pamiers* sur *Ax*, pour la consommation, la totalité du biscuit restant encore à *Ax* ne pouvant être transportée sur *Pamiers*, puisqu'au contraire les transports ne s'effectuaient qu'avec peine et lenteur, et le retour de ce même biscuit ne pouvant être que partiel. Le Garde-magasin ayant avoué d'ailleurs que la correspondance qui s'était engagée entre le général Avice et lui commandant la 10.e division avait empêché cette distribution d'avoir lieu, l'inexécution de l'ordre de distribution devait le porter à presser l'évacuation sur *Pamiers*. Quelle que put être au surplus l'issue de cette correspondance, les ordres qui lui avaient été transmis par l'Ordonnateur Dintrans, mettaient sa responsabilité à couvert;

7.º Le Garde-magasin allègue encore le refus que lui fit le général Avice de mettre en réquisition des moyens suffisans pour faire effectuer cette évacuation, lorsque le mouvement des Espagnols insurgés ne permit plus de la différer. Si ce comptable n'eut pas attendu au 13 février, pour opérer ce transport par les moyens ordinaires, tels que ceux employés pour les deux premiers versemens, il n'aurait pas été contraint de demander comme seule et unique ressource, des voitures de réquisition, que des motifs politiques ont pu réellement déterminer le général Avice à refuser.

Il résulte de cette réfutation des motifs produits par le Garde-magasin pour sa défense, qu'il a négligé d'exécuter, dans le temps où il le devait et le pouvait facilement, les ordres qui lui avaient été transmis officiellement par le Commissaire des guerres de son arrondissement; que c'est cette négligence qui occasionna la perte du biscuit dont l'ennemi s'est emparé, et qu'il doit en être responsable.

En conséquence, le sieur Tintelin, Garde-magasin de l'Ariège, sera autorisé à porter en dépense dans ses comptes en matières et ustensiles, comme des pertes provenant de force majeure,

        5356 rations de pain ;
        120 quintaux métriques de farines mélangées ;
        1440 rations de biscuit ;
        16 boucauts,
        et 368 sacs vides,

enlevés des magasins d'*Ax*, *Lhospitalet* et *Tarascon* les 19 et 22 février 1812 par les insurgés Espagnols. La perte des 44675 rations de biscuit, contenues dans 497 caisses ou boucauts pareillement enlevés par les Espagnols insurgés, le 22 février 1812 à *Ax*, sera supportée par le même Garde-magasin, qui n'a point exécuté l'ordre qu'il avait reçu d'évacuer sur *Foix* et sur *Pamiers* le biscuit dont il s'agit.

Veuillez, Monsieur, m'accuser réception de ces décisions, que j'ai cru devoir vous notifier textuellement.

Je vous salue, MARET.

N.º 2.
Du 22 Février 1812.
COPIE.

Procès-Verbal des pertes éprouvées par l'entrée des insurgés Espagnols à Ax; consistant en quarante-quatre mille six cent soixante-quinze rations de biscuit, cent sacs de farine de soixante kilogrammes l'un, quarante sachs de cent kilogrammes l'une; enfin, de trois mille cinq cent vingt rations de pain de munition, et cent quarante sacs vides, non compris ceux ci-dessus indiqués qui renfermaient la farine.

L'AN mil huit cent douze et le vingt-deux février, nous Maire de la ville d'Ax, faisant fonctions de Commissaire des guerres, ayant eu connaissance des pertes éprouvées par le service des vivres lors de l'entrée des insurgés Espagnols dans la ville d'Ax, nous nous sommes transporté, dès notre entrée dans notre commune, et celle de M. Belesta, préposé du Garde-magasin des vivres du département de l'Ariège, qui avait été emmené comme ôtage, dans les magasins propres à entreposer le biscuit et farines, et après nous avoir fait exhiber les bons des fournitures faites aux troupes françaises depuis l'évacuation des Espagnols, avons reconnu qu'ils avaient enlevé quarante-quatre mille six cent soixante-quinze rations de biscuit, renfermé dans environ cinq à six cents boucauts qu'ils ont brûlés, ayant établi leurs corps-de-garde dans le magasin ; plus cent sacs de farine froment blutée de soixante kilogrammes l'un, qu'ils ont pris ou détruit ; enfin, trois mille cinq cent vingt rations de pain qui étaient préparées pour la subsistance du bataillon des gardes nationales de l'Aude et celui de l'Ariège qui étaient en garnison, que l'on a enlevées de chez Jean et Baptiste Astrié, frères manutentiaires, où l'on a encore pris, savoir : chez Jean Astrié, vingt sacs de farine méteil blutée, expédiée par M. Tintelin chez ledit manutentionnaire, de même que vingt autres sacs de même farine méteil blutée, et du même poids de cent kilogrammes l'un, qui se trouvaient chez Baptiste Astrié aussi manutentionnaire, faisant en total quarante quintaux métriques de farine blutée ; et comme les insurgés Espagnols emportaient des effets résultant de leur pillage, ils ont pris quatre-vingt sacs vides chez Jean Astrié qui les avait vidés par les consommations précédentes ; de même que soixante autres sacs vides qui existaient, de la même manière, chez Baptiste Astrié aussi manutentionnaire ; d'où il résulte que les pertes éprouvées sont telles que ci-dessus, d'après la vérification des registres et états de M. Belesta et des manutentionnaires.

De tout quoi, nous Maire, faisant fonctions de Commissaire des guerres, après nous être assuré de la vérité des susdites déclarations, avons dressé le présent procès-verbal pour servir de décharge au sieur Belesta préposé, ainsi qu'aux sieurs Jean et Baptiste Astrié manutentionnaires, et avons signé chacun en ce qui nous concerne.

Fait quadruple à Ax, les jour, mois et an que dessus.

        Jean ASTRIÉ, Baptiste ASTRIÉ, BELESTA et DE CLAUZELLES, maire, *signés*.

Pour copie conforme : *Le Chevalier de l'Empire, Commissaire des guerres de l'Ariège*, BURDIN.

N.° 3.

BUREAU DES VIVRES.

N.° 707.

Foix, le 16 novembre 1811.

A M. Tintelin, Garde-magasin des vivres, à Foix.

MONSIEUR, d'après les ordres insérés dans les lettres de M. l'Ordonnateur de la division, en date des 6 et 8 novembre courant, et conformément à celles de M. le général commandant le département de l'Ariège, et de M. le Préfet du même département en date de ce jour, vous voudrez bien faire les dispositions les plus promptes pour que les 72,214 rations de biscuit entreposées à Ax soient évacuées sur Pamiers.

Quant à la réserve des farines qui, d'après votre déclaration, se trouve entamée depuis le 1.er du mois, pour les besoins des troupes stationnées à Ax, Merens, etc., je ne vois, d'après l'opinion par écrit de M. le Préfet, aucun inconvénient à ce qu'elles restent à Ax pour la consommation journalière des mêmes troupes.

S'il vous est ordonné des remplacemens, ils ne peuvent avoir lieu, jusqu'à nouvel ordre, qu'à Foix ou à Pamiers, suivant la décision de M. l'Ordonnateur que je consulterai à cet effet.

Veuillez, Monsieur, m'accuser réception de la présente.

J'ai l'honneur de vous saluer,

Le Commissaire des guerres, adjoint, Signé QUERNEST.

Pour copie conforme à l'original : *Le Chevalier de l'Empire, Commissaire des Guerres de l'Ariège,*

BURDIN.

N.° 4.

JE soussigné, Sous-préposé des vivres de la guerre de la place d'Ax, atteste, à qui il appartiendra, que pendant la dernière quinzaine de novembre 1811, il m'a été impossible d'expédier le biscuit que M. Tintelin, Garde-magasin des vivres de ce département, avait ordre d'évacuer sur Pamiers, parce que le temps affreux qu'il fit, pendant cette quinzaine, ne pouvait que l'exposer totalement, si bien bâchées que fussent les voitures ; car des pluies et un vent continuel ont même empêché les négocians de cette ville de faire transporter des marchandises moins susceptibles de s'avarier que le biscuit.

De plus, j'atteste que pendant la première quinzaine de janvier 1812, les neiges et le verglas ont tellement existé sur la route d'Ax à Tarascon, que le roulage a été si paralysé que des voitures n'ont pu ni arriver à Ax, ni en sortir tant les passages de la côte de Lassur et du Pont de Perles étaient impraticables, appellant de ces vérités à MM. les négocians de cette ville. En foi de quoi j'ai signé la présente attestation.

A Ax, le 10 avril 1812, *signé* BELESTA.

Nous soussignés, négocians de la ville d'Ax, attestons la vérité des faits ci-dessus relatés. En foi de ce avons signé la présente.

Signé, ROUSSILLON, père et fils, MARTIN du Breil, Jérôme ASTRIÉ, AUTHIER du Breil, BRIBES, DORGEIX, CLERGUE, RIVIÈRE, CHRISTIA aîné.

Nous, maire de la ville d'Ax, attestons la validité des signatures de MM. les négocians de cette ville, mises à la présente, et de plus la vérité de ce qu'elle contient.

Ax, le 16 avril 1813, *signé* GRAULLE.

Pour copie conforme à l'original qui m'a été représenté,

Le Chevalier de l'Empire, Commissaire des guerres de l'Ariège,

BURDIN.

N.° 5.

Perpignan, le 28 novembre 1811.

Le Commissaire Ordonnateur de la 10.e Division militaire,

A M. Quernest, Commissaire des Guerres, à Foix.

MON cher camarade, je réponds à votre lettre du 22, à laquelle je trouve jointe la réponse que vous a faite M. le Sous-Préfet de Pamiers.

Son Exc. ayant récemment décidé que dans les villes dont les bâtimens militaires ont reçu une destination, ne peuvent plus être affectés à un autre service. Le loyer des magasins qui seraient loués, resterait à la charge de la direction générale des vivres ; je pourrais autoriser à louer un local pour y recevoir le biscuit qui d'Ax sera expédié sur Pamiers ; mais l'évêché dont les salles basses vous sont offertes n'ayant plus en ce moment la destination assignée, je crois qu'il n'y a pas lieu à accéder à la demande faite par M. le Sous-Préfet. Néanmoins, pour lui prouver mon désir à faire quelque chose qui lui soit agréable, je vous autorise à passer un bail pour la location desdites salles basses. Dans cet acte, vous aurez soin de relater les motifs qui peuvent déterminer Son Exc. le Ministre-Directeur, à allouer le prix de loyer convenu.

Je vous renouvelle mon attachement, *signé*, DINTRANS.

Pour copie conforme : *Le Chevalier de l'Empire, Commissaire des guerres de l'Ariège,*

BURDIN.

N.° 6. *Extrait de la lettre écrite par M. Tintelin, Garde-magasin des Vivres de la guerre du Département de l'Ariège, à M. le Comte Maret, Conseiller d'état, Directeur-Général des Vivres de la guerre, en date de Foix, le 23 décembre 1812, N.° 523.*

J'ai l'honneur de vous observer que M. le général Avice, en arrivant à Foix, m'a manifesté son mécontentement de voir retirer la réserve d'Ax pour la porter à Pamiers; il va se concerter avec M. le général divisionnaire et M. le préfet pour faire donner contre ordre. D'après cela, il m'a invité à n'exécuter que très-lentement l'évacuation du biscuit d'Ax sur Pamiers, ce que j'exécuterai jusqu'à l'effet de ses démarches, qui infailliblement feront réintégrer une 2.ᵉ fois à Ax les 717 quintaux 60 kilogr. de farine froment blutée et consommée, et non à Pamiers; d'après cela, dis-je, faut-il, M. le Comte, opérer plutôt qu'à Pamiers pour cette réintégration; s'il en est ainsi, aux 8,500 fr. 60 c. des divers transports de farines seulement, il faudra encore ajouter, etc., ect.

Pour copie conforme à l'extrait qui m'a été fait et tiré mot à mot du registre de correspondance de M. Tintelin,

Le Chevalier de l'Empire, Commissaire des guerres du département de l'Ariège,

BURDIN.

N° 7. *Copie de la lettre écrite par M. Tintelin, Garde-Magasin des Vivres de la guerre, à M. Villot, Contrôleur des Vivres à Perpignan, en date du 18 novembre 1811, N.° 477.*

J'ai l'honneur de vous adresser ci-joint copie de la lettre que j'ai reçue de M. Quernest pour faire transporter les 72,214 rations de biscuit à Pamiers; j'attends que le beau temps me permette d'exécuter cet ordre, car si bien bachées que soient les voitures, avec la pluie et le vent qu'il fait, l'humidité pénétrerait les boucauts, et vous savez que c'est le plus grand ennemi du biscuit; d'ailleurs, il faut des locaux à Pamiers tout prêts à recevoir cet approvisionnement; alors, pendant qu'on en préparera ou qu'on en louera, le temps s'arrangera; d'ailleurs, les montagnes se couvrent de neiges, et les forces qui sont à Ax ne doivent pas faire craindre pour le moment, etc., etc.

Pour copie conforme à l'extrait qui en a été fait et tiré mot à mot du registre de correspondance de M. Tintelin,

Le Chevalier de l'Empire, Commissaire des guerres de l'Ariège.

BURDIN.

N°. 8. *Extrait de la lettre écrite à M. Villot, Contrôleur des Vivres de la guerre à Perpignan, par M. Tintelin, Garde-magasin, en date de Foix, le 12 janvier 1812, N°. 536.*

Les neiges et le verglas des routes empêchent de continuer l'évacuation totale du biscuit sur Pamiers, et puis verbalement on me dit de le laisser, puis de le faire porter à Pamiers; mais si le temps le permettait, il y serait déjà rendu.

Pour copie conforme à l'extrait qui en a été fait et tiré du registre de correspondance de M. Tintelin,

Le Chevalier de l'Empire, Commissaire des guerres de l'Ariège,

BURDIN.

(5)

N.° 9.

BUREAU DES VIVRES.

N.° 160.

Décision du 21 Novembre 1811.

Perpignan, le 26 Janvier 1812.

Le Commissaire Ordonnateur de la 10.ᵉ Division militaire, à M. Quernest, Commissaire des Guerres adjoint, à Foix.

Mon cher Camarade, j'ai reçu avec votre lettre du 23 décembre le procès-verbal que vous aviez dressé le 20, constatant que le biscuit existant dans les magasins sous votre police, pouvait se conserver pendant six mois. Je transmis cet acte à S. Exc. le Ministre Directeur, dont je demandai les ordres.

Son Excellence n'ayant pas encore répondu, et le terme de 4 à 5 mois fixé par le Ministre pour la consommation du biscuit étant arrivé, je vous autorise, mon cher Camarade, à en faire faire la distribution aux troupes, tous les cinq jours, en remplacement de pain. Il faudra le remplacer conformément aux ordres que je vous donnai par ma lettre du 11 décembre dernier, n.° 6,014, dont je vous confirme le contenu.

Si la consommation n'était pas assez forte pour laisser espérer qu'elle aura lieu pour la totalité en temps utile, vous aurez à me faire un rapport et à me proposer de rapprocher les jours de distribution : je me repose à cet égard sur votre exactitude et votre zèle.

Je vous renouvelle mon sincère attachement. *Signé*, DINTRANS.

Pour copie conforme : *Le Commissaire des guerres adjoint*, QUERNEST.

M. Tintelin voudra bien me faire connaître l'époque où les distributions de biscuit pourront commencer à avoir lieu, afin que j'en donne connaissance à M. le Général commandant le Département.

Il doit aussi m'instruire des mesures qu'il se propose de prendre pour le remplacement du biscuit mis en consommation. *Signé*, QUERNEST.

Pour copie conforme à l'original qui nous a été exhibé par M. Tintelin :

Le Chevalier de l'Empire, Commissaire des guerres de l'Ariège, BURDIN.

N.° 10.

Extrait de la lettre écrite par le Garde-magasin des vivres de la guerre du Département de l'Ariège, le 1.ᵉʳ février 1812, à M. le Commissaire des guerres du même Département, à Foix.

Monsieur, j'ai reçu la lettre dont vous m'avez honoré, en date de ce jour, qui me transmet copie de celle de M. l'Ordonnateur, en date du 26 expiré, relative à la mise en consommation du biscuit de la réserve, malgré que M. le comte Maret, par sa lettre du 4 janvier, me dise qu'il adresse une copie du procès-verbal, relatif à la vérification du biscuit, à Son Excellence, et qu'il lui demande de lui faire connaître si le biscuit dont il s'agit, doit encore être conservé en magasin, et que je ne dois rien préparer pour une fabrication avant d'en avoir reçu l'ordre de M. Villot ou de lui-même. Je vais, Monsieur le Commissaire, faire transporter ce biscuit à Foix, afin d'être mis en distribution mercredi 5 du présent. Il est un préalable nécessaire cependant avant cette opération, c'est l'ordre que M. le Général doit en donner comme l'indique les instructions à ce sujet. Je vous prie donc d'avoir la bonté de l'informer des dispositions prises par M. l'Ordonnateur, en l'invitant de faire mettre à l'ordre du jour l'époque et les jours de chaque distribution de biscuit, etc., etc.

Je vous prie de m'autoriser en réponse à la présente, 1.° à faire venir d'Ax ou Pamiers le biscuit nécessaire à ces distributions, en m'indiquant la place où je dois préférablement le retirer ; 2.° à envoyer de ce biscuit à Auzat, St.-Girons et Tarascon, en m'indiquant les quantités ; 3.° à m'autoriser à louer des locaux à Auzat et Tarascon où il n'y en a point de disponibles au service.

Quant à la réintégration, je vous prie de provoquer des dispositions de fonds à ce sujet comme pour celle des farines de la réserve entièrement consommée.

J'ai l'honneur de vous saluer avec respect. *Signé*, TINTELIN.

Pour copie conforme à l'original trouvé dans les archives du commissariat et au registre du Sieur Tintelin, qui a été copié mot à mot.

Le Chevalier de l'Empire, Commissaire des guerres du Département de l'Ariège, BURDIN.

N.° 11.

Extrait de la lettre écrite par le Garde-magasin des vivres de la guerre du Département de l'Ariège, le 8 février 1812, à M. Quernest, Commissaire des guerres du même Département.

Monsieur, j'ai l'honneur de vous communiquer copie de la décision de Son Excellence, relative à la mise en consommation du biscuit de la réserve d'Ax, qui se trouve en grande partie à Pamiers, et dans cette première place. Votre silence à une partie des observations que j'ai eu l'honneur de vous faire le 1.er courant, m'engage à vous prier de nouveau de fixer la première distribution du biscuit à dimanche 9 du courant ; et attendu que les distributions de pain se font ici de deux jours en deux jours, d'ordonner que l'on prendra pour trois jours de pain et un jour de biscuit, ensuite de deux jours de pain, et ainsi de suite, si on n'adopte pas vos propositions de la faire distribuer tous les trois jours.

Il serait à désirer que M. le Général prévienne les autres corps de cette décision, et que je sache si à Tarascon où il n'y a que 9 hommes, à Vicdessos où il n'y en a que 33, et St.-Girons où il y en a environ 80, il faut que j'y fasse porter et distribuer de biscuit comme à Foix et Ax, où il y a une consommation assez conséquente. J'attends vos ordres à ce sujet.

J'ai l'honneur d'être votre très-humble serviteur. *Signé*, TINTELIN.

Pour copie conforme à l'original trouvé dans les archives du commissariat et au registre du Sieur Tintelin, qui a été copié mot à mot.

Le Chevalier de l'Empire, Commissaire des guerres du Département de l'Ariège, BURDIN.

N.° 12.

Copie de la lettre écrite par M. le Baron Miquel, général, commandant le Département de l'Ariège, à M. le Commissaire des guerres à Foix, en date du 15 Novembre 1811.

Je crois, Monsieur le Commissaire, que d'après le nombre de troupes qui occupent Ax et les environs, ainsi que par les difficultés que la saison oppose à une nouvelle incursion, vous pouvez ajourner le transport des magasins d'Ax.

N'en prenez pas moins l'avis de M. le Préfet, qui peut avoir de plus amples renseignemens sur les intentions et les mouvemens des espagnols.

J'ai l'honneur de vous saluer avec une considération distinguée,

Le Général. Signé, MIQUEL.

Pour copie conforme à l'original trouvé dans les archives du commissariat :

Le Chevalier de l'Empire, Commissaire des guerres de l'Ariège, BURDIN.

N.° 13.

3.e BUREAU.

N.° 1988.

Copie de la lettre écrite par M. le Préfet du Département de l'Ariège, à M. le Commissaire des guerres, en date du 15 Novembre 1811.

J'ai reçu, Monsieur le Commissaire, la lettre que vous m'avez fait l'honneur de m'écrire cejourd'hui. Je n'ai rien appris qui put donner maintenant de vives inquiétudes sur le point d'Ax ; et pour juger du plus ou moins de possibilité d'évacuer le magasin d'Ax, il serait à désirer que vous voulussiez bien me faire connaître son importance, sa valeur et le nombre de charrettes nécessaires à son évacuation. Je pourrais alors émettre plus facilement mon opinion et mon dire à cet égard.

Recevez, etc., etc.   Signé, CHASSEPOT DE CHAPLAINE.

Pour copie conforme à l'original trouvé dans les archives du commissariat :

Le Chevalier de l'Empire, Commissaire des guerres de l'Ariège, BURDIN.

N.° 14.

VIVRES DE LA GUERRE.

EXERCICE 1812.

Mois de Février.

En exécution des ordres de M. l'Ordonnateur, du 26 Janvier 1812, n.° 160, pour être consommé dans le Département de

10.e DIVISION MILITAIRE.

Magasin de Pamiers.

Versement de la Place de Pamiers sur Foix,

{ Quarante-quatre boucauds de biscuit pesant brut deux mille huit cent cinquante kilogrammes et renfermant trois mille neuf cent quarante-sept rations de cinq hectogrammes et demi, pour servir aux distributions de la Place de Foix.

L'an mil huit cent douze, et le deux février, Nous Galy-Gasparrou, Sous-préfet, faisant fonctions de Commissaire des guerres employé dans l'arrondissement de Pamiers, chargé de la police du magasin des

(7)

vivres de Pamiers, nous sommes, sur l'invitation de M. Cairol, pour le Garde-magasin des vivres de la guerre de ce département, transporté audit magasin, à l'effet de constater, par suite des ordres de M. l'Ordonnateur et de l'autorisation de M. le Commissaire des guerres, l'envoi et expédition que ledit Sieur Cairol fait ce jour par terre, sur les voitures du Sieur Joseph Pradal, roulier, à la consignation de Joseph Pradal, des denrées, matières liquides et effets ci-après désignés ; ce à quoi nous avons procédé, en reconnaissant que ladite expédition s'élevait aux quantités de quarante-quatre boucauds de biscuit pesant brut 2,850 kilogrammes et renfermant 3,947 rations.

Numéros.	Rations.	Brut. kil. hect.	Tare. kil. hect.	Numéros.	Rations.	Brut. kil. hect.	Tare. kil. hect.
456.	93 1/2.	69 «.	17 5.	53.	90 «.	67 «.	18 «.
484.	87 1/2.	60 2.	12 «.	350.	91 1/2.	67 «.	16 7.
474.	89 «.	65 5.	16 5.	427.	92 1/2.	67 7.	16 7.
284.	89 «.	61 2.	12 2.	214.	85 1/2.	64 3.	17 1.
195.	87 1/2.	64 8.	16 7.	428.	92 1/2.	69 «.	17 9.
412.	88 1/2.	65 «.	16 2.	438.	91 «.	66 4.	16 4.
417.	89 «.	65 8.	16 2.	353.	84 1/2.	62 8.	16 9.
481.	95 1/2.	70 7.	18 3.	202.	85 «.	64 2.	17 5.
432.	101 1/2.	72 8.	17 2.	198.	86 «.	64 3.	16 9.
409.	91 1/2.	66 5.	16 «.	612.	89 1/2.	61 «.	11 8.
408.	93 «.	69 «.	17 7.	301.	90 «.	67 «.	18 2.
237.	90 «.	61 3.	11 7.	458.	80 «.	55 3.	11 2.
444.	86 «.	58 5.	11 2.	529.	81 «.	61 3.	16 7.
179.	86 1/2.	65 5.	17 5.	183.	84 «.	63 6.	17 2.
246.	89 «.	65 5.	16 6.	64.	82 1/2.	63 2.	17 9.
609.	90 1/2.	62 «.	12 2.	494.	95 1/2.	64 3.	12 «.
174.	88 1/2.	68 8.	17 2.	598.	93 1/2.	63 2.	11 7.
292.	87 «.	60 «.	12 «.	56.	83 1/4.	54 5.	18 5.
210.	87 «.	65 «.	17 1.	453.	90 «.	60 «.	10 4.
422.	91 1/2.	66 «.	15 6.	425.	90 «.	67 5.	17 9.
469.	96 1/2.	70 5.	17 3.	311.	92 1/2.	65 5.	12 4.
451.	92 «.	67 5.	16 7.	400.	96 «.	69 5.	16 7.
	1990 «.	1440 8.		Report..	1957 «. 1990 «.	1409 3. 1440 8.	
				Total..	3947 «.	2850 1.	

Et de tout ce dessus nous avons dressé et arrêté le présent procès-verbal de versement que ledit Sieur Cairol a signé avec nous.

Fait à Pamiers, les jour, mois et an que dessus.   CAIROL.

Le Sous-préfet, GALY-GASPARROU.

Pour copie conforme à l'original trouvé dans les archives du Commissariat,

Le Chevalier de l'Empire, Commissaire des guerres de l'Ariège, BURDIN.

N.° 15. *Copie de la lettre écrite par M. le Préfet de l'Ariège, à M. le Commissaire des guerres, en date du 16 Novembre 1811.*

Je reçois à l'instant, Monsieur le Commissaire, votre lettre de ce jour. Si les mauvais temps continuent, je ne crois point qu'il y ait de risque à Ax; si les passages restaient libres faute de neiges, quoique je regarde comme difficile que les insurgés viennent encore à Ax, etc., etc.

Signé, CHASSEPOT DE CHAPLAINE.

Pour copie conforme à l'original trouvé dans les archives du commissariat :

Le Chevalier de l'Empire, Commissaire des guerres de l'Ariège, BURDIN.

Procès-verbal de réception de Biscuit.
PLACE DE FOIX.

N.° 16.
DIRECTION GÉNÉRALE
DES VIVRES DE LA GUERRE.

Livraison de 2,850 kilogrammes de Biscuit poids brut en 44 boucauds renfermant 3,947 rations.

L'an mil huit cent douze, le trois du mois de février, Nous commissaire des guerres chargé de la police du magasin des vivres de Foix, nous étant transporté dans les emplacemens servant audit magasin, à l'effet de reconnaître et constater l'arrivée brut de deux mille huit cent cinquante kilogrammes de biscuit en quarante-quatre boucauds que le Sieur Pradal a chargé à Pamiers, avons en effet reconnu et vu peser la quantité de deux mille huit cent cinquante kilogrammes de biscuit brut, dont la qualité ayant été reconnue bonne, loyale et marchande, et propre à faire un bon service, par ledit Sieur Tintelin, garde-magasin, qui s'en charge sous sa responsabilité, nous avons clos le présent procès-verbal, au bas duquel ledit garde-magasin a signé sa soumission de compter à la Direction générale de ladite quantité de quarante-quatre boucauds pesant brut deux mille huit cent cinquante kilogrammes biscuit et renfermant trois mille neuf cent quarante-sept rations, expédiées hier de Pamiers.

Fait triple à Foix, les jour, mois et an que dessus. *Signé*, QUERNEST.

Pour copie conforme à l'original : *Le Commissaire des guerres de l'Ariège*, BURDIN.

N.° 17.

Foix, le 14 Février 1812.

Le Baron Avice, Général de brigade, commandant le Département de l'Ariège, à M. l'Auditeur au Conseil-d'état, Sous-préfet, faisant fonctions de Commissaire des guerres.

Monsieur, les craintes non fondées qui allarment déjà le Département augmenteraient beaucoup et la désolation serait à son comble, si à la demande de M. le Garde-magasin des vivres, j'autorisais la réquisition de trente voitures pour la transfération du biscuit existant à Ax ; je me garderai bien dans la circonstance actuelle de prendre une telle mesure.

M. le Garde-magasin ne m'a pas fait part dans le temps qu'il avait ordre de transférer à Pamiers tout le biscuit qui est à Ax ; maintenant qu'il a celui de le distribuer tous les cinq jours, c'est à lui à s'y conformer.

J'ai l'honneur de vous saluer avec une parfaite considération. *Signé*, AVICE.

Pour copie conforme :

L'Auditeur au Conseil-d'état, Sous-préfet de Foix, faisant fonctions de Commissaire des guerres;

Signé, BASCLE DE LA CRÈZE.

Pour copie conforme :

Le Chevalier de l'Empire, Commissaire des guerres de l'Ariège, BURDIN.

N.° 18.

Foix, le 11 Mars 1812.

L'Auditeur au Conseil d'État, Sous-Préfet de l'Arrondissement de Foix, faisant fonctions de Commissaire des guerres du Département de l'Ariège,

à M. Dintrans, Commissaire Ordonnateur de la 10.ᵉ Division militaire.

Monsieur le Commissaire Ordonnateur, je m'empresse de répondre à votre lettre du 2 de ce mois, par laquelle vous me demandez de prendre et de vous transmettre des renseignemens pour connaître les motifs qui ont pu retarder l'exécution des ordres que vous aviez donné, pour faire transférer à Pamiers un approvisionnement en biscuit qui s'est trouvé à Ax lors de l'incursion récente des Espagnols.

Il paraît que votre ordre avait reçu un commencement d'exécution, puisque lors de cette invasion cet approvisionnement se trouvait diminué à-peu-près d'un tiers.

J'ai demandé au Garde-magasin de me faire connaître quels ont été les motifs légitimes qui l'ont empêché d'achever cette évacuation.

Il attribue ce retard à la réunion de plusieurs circonstances :

1.° Il lui fallait du temps pour trouver et faire disposer un local convenable à Pamiers ;

2.° La saison était pluvieuse, l'on ne pouvait pas, dit-il, quelles que fussent les précautions qui seraient prises, faire opérer ce transport sans exposer le biscuit à être avarié par l'humidité ;

3.° L'évacuation ne pouvait se faire que lentement, ne pouvant se procurer qu'avec peine des moyens de transports dans ce pays ;

4.° Les communications étaient difficiles, presqu'impraticables, les routes ayant été long-temps, dans ce pays montagneux, couvertes de neige et de verglas ;

5.° Quels que fussent ces obstacles, il aurait, dit-il, cherché à les surmonter si le Général, commandant le Département, ne l'eût engagé à ralentir cette évacuation, en lui observant que les circonstances qui avaient nécessité l'ordre de l'effectuer, avaient changé.

6.° Il informa de suite de cette invitation du Général les autorités supérieures et les consulta pour savoir s'il devait y déférer.

7.° Il regarda l'ordre de mettre en distribution ce biscuit, comme une révocation tacite de celui qui lui avait été donné de l'évacuer en totalité, ne pouvant concevoir qu'on eut réellement l'intention de faire retirer d'Ax cet approvisionnement pour l'y faire transporter de nouveau à grands frais, par un temps rigoureux et des chemins difficiles.

8.° Il a demandé, lors de l'approche des ennemis, l'autorisation de faire évacuer de suite ce biscuit, ce qui lui a été implicitement refusé par M. le Général.

Tous ces motifs se trouvent amplement développés et appuyés de la correspondance relative, dans un mémoire que M. Tintelin m'a remis.

J'ai l'honneur de vous l'adresser, pour vous mettre à portée de prendre une détermination.

Quant à moi, Monsieur le Commissaire Ordonnateur, je ne pense pas que n'ayant que depuis peu de jours la suppléance du Commissaire des guerres, pour une partie de ses attributions, je puisse former et vous exprimer une opinion à cet égard. Cependant si je devais nécessairement l'émettre, je considérerais que le Sieur Tintelin d'après les motifs plausibles qu'on lui avait allégués, a pu, sur invitation des autorités locales et militaires, retarder cette évacuation, n'ayant reçu aucun ordre qui déterminât le délai de rigueur dans lequel elle devait être faite; j'estimerai en conséquence qu'il ne peut point être passible de la perte de ce biscuit.

Quant aux renseignemens que vous me demandez aux pertes éprouvés, soit en subsistences, soit en ustensiles appartenant à l'Administration militaire, je vous observerai, M. le Commissaire Ordonnateur, qu'elles ont été légalement constatées par Messieurs de St.-André et de Clauzelles, fonctionnaires délégués par M. le Préfet.

La moralité bien reconnue et l'intelligence de ces fonctionnaires qui jouissent de la plus grande et de la plus juste considération, ne peuvent laisser aucun soupçon sur la sincérité de leurs procès-verbaux qui ont dû vous être transmis.

Cependant, malgré leurs soins, comme il serait possible qu'on les eut induits dans quelque erreur, je prendrai à cet égard les renseignemens les plus détaillés sur les lieux, où je suis envoyé par M. le Préfet. J'aurai soin de vous informer avec la plus grande exactitude, de leur résultat, s'il n'est pas en tout conforme à ces procès-verbaux.

Je joins ici les états que m'a remis le Garde-magasin, des transports du biscuit fait d'Ax sur Pamiers.

J'ai l'honneur de vous saluer avec une parfaite considération,

L'Auditeur au Conseil-d'état, Sous-préfet de l'Arrondissement de Foix, faisant fonctions de Commissaire des guerres,

Signé, BASCLE DE LA GREZE.

Pour copie conforme à l'original transmis à l'Ordonnateur le 14 mars 1812 :

Le Commissaire des guerres du Département de la Haute-Garonne, CAZAC, *signé*.

Pour copie conforme à l'original trouvé dans les archives du Commissariat :

Le Chevalier de l'Empire, Commissaire des guerres de l'Ariège,

BURDIN.

Foix, le 13 Février 1812.

N.° 19. *Le Garde-magasin des Vivres de la Guerre du Département de l'Ariège,*

A Monsieur le Baron, Général Avice, Commandant ledit Département,

Et à Monsieur l'Auditeur au Conseil-d'État, Sous-Préfet de l'Arrondissement de Foix, faisant fonctions de Commissaire des guerres,

MESSIEURS, l'ordre de la consommation du biscuit (*a*) ayant arrêté, vous le savez, la transfération des 72,062 rations à Pamiers, il en existe encore à Ax 20,450 kilogrammes brut. Le mouvement des Espagnols dans ces parages ne peut qu'exposer cet approvisionnement, montant à 5 ou 600 boucauds,

---

(*a*) On doit savoir que par décision rendue par M. le Comte Maret, transmise le 29 Juin 1811, n.° 659, toutes les troupes de la vallée de Carol (Pyrénées-Orientales) doivent être nourries par les soins du Garde-magasin de l'Ariège, qui y fait transporter le pain fabriqué à Ax.

On doit aussi citer ici extrait de la lettre de Son Excellence, du 11 Août 1812, à Monsieur l'Ordonnateur Dintrans, lorsqu'il dit : « Vous sentez aisément, Monsieur, combien il est nécessaire pour fixer mon opinion dans une affaire de cette nature, qu'il ne me » reste aucun doute sur les véritables causes qui peuvent justifier le Sieur Tintelin, et par suite le Commissaire des guerres Quernest » de n'avoir pas le premier exécuté à la lettre les ordres qu'il avait reçu (*voir ses lettres*, à MM. le Comte Maret et Villot, *des 23* » *Décembre, 18 Novembre 1811, et 12 Janvier 1812.*) Le deuxième, de n'en avoir pas référé à vous son supérieur immédiat, s'il a eu » connaissance et du retard apporté dans l'exécution de mes ordres (*voir la lettre de M. l'Ordonnateur, du 28 Novembre 1811, prouvant* » *qu'il n'y avait point encore à cette époque de magasin préparé à Pamiers,*) et des causes réelles ou supposées qui l'ont fait naître (*voir* » *les lettres des 1.er et 8 Février 1812, n.os 10 et 11, et le procès-verbal dressé par M. le Commissaire, le 5 Février, sur l'arrivée du biscuit de* » *Pamiers.*) »

renfermant environt 44,276 rations : outre cet approvisionnement de réserve, il existe encore des farines pour le service courant, servant à alimenter les troupes qui y sont ou qu'on doit y envoyer. Je vous prie instamment d'avoir la bonté de me mander si je dois laisser exister à Ax, sans crainte, 1.° les 44,276 rations de biscuit pour la subsistance des troupes qui y sont, ou si je dois exécuter le premier ordre de leur transfération à Pamiers, en observant et m'indiquant les quantités que je dois y laisser pour les distributions qui ont été indiquées de cinq en cinq jours, en attendant qu'on les fasse de trois en trois jours ; 2.° si je dois y faire transporter de nouvelles farines outre les 200 quintaux qui y sont pour le service courant.

Si de concert avec M. { le Sous-Préfet } { le Général } vous ordonnez l'évacuation des 5 à 600 boucauds de biscuit, j'ai l'honneur de vous prévenir qu'il est nécessaire de mettre en réquisition trente voitures à deux colliers, dont le paiement sera fait au cours ordinaire du commerce par moi, ne pouvant point trouver de suite une telle quantité de moyens de transports.

Je vous prie, MESSIEURS, d'avoir la bonté de m'accuser réception de la présente.

J'ai l'honneur, etc.   *Signé*, TINTELIN.

Le Chevalier de l'Empire, Commissaire des guerres du Département de l'Ariège,

BURDIN.

COPIE

Des Certificats obtenus par M. TINTELIN, et constatant son zèle, son activité et sa probité dans les divers Emplois qui lui ont été confiés.

4.ᵉ DIVISION MILITAIRE.

Je soussigné Chef divisionnaire du service actif des vivres, à Nancy, certifie que le Citoyen Tintelin, à présent premier Commis de la comptabilité des vivres, à Perpignan, a commencé à être employé dans les vivres en qualité d'Aide aux travaux, à Châlons en 1791, où il a rempli ses fonctions avec honnêteté, distinction et zèle, et qu'ensuite il est passé à Liège en qualité d'Aide-garde-magasin, où il a également rempli les devoirs de sa place à ma satisfaction ; que c'est un sujet distingué, plein d'intelligence, qui connait tous les détails de la partie des vivres, et qui conséquemment mérite son avancement.

Fait à Nancy, le 2 Thermidor an 4 de la République.

Signé, GIGOT.

Pour copie conforme à l'original que m'a exhibé M. Tintelin, Garde-magasin des vivres :

Le Chevalier de l'Empire, Commissaire des guerres du Département de l'Ariège,

BURDIN.

ARMÉE DES CÔTES DE L'OCÉAN.

Division de la Loire Inférieure.

Nous Commissaire des guerres, employé à l'armée des côtes de l'Océan, certifie que le Citoyen Tintelin, ci-devant Garde-magasin des vivres de la place d'Ancenis, a toujours rempli ses devoirs pendant sa gestion avec zèle et probité, et a toujours montré beaucoup d'activité à l'approvisionnement de ses magasins, surtout dans des momens de détresse où il se trouvait pour remplir cet objet.

Délivré le présent pour servir et valoir ce que de raison.

A Ancenis, le 23 Thermidor, 4.ᵉ année Républicaine.   *Signé*, JACOB.

Pour copie conforme à l'original que nous a exhibé M. Tintelin, Garde-magasin des vivres :

Le Chevalier de l'Empire, Commissaire des guerres du département de l'Ariège,

BURDIN.

Commission de Contrôleur, Chef de service de la 9. Division militaire.

Nous Munitionnaire des subsistances militaires, avons établi le Citoyen Jean-Baptiste Tintelin, en qualité de Contrôleur, chef de service de la 9.ᵉ division militaire, à Montpellier, aux appointemens de trois cens cinquante livres, écus, pour en exercer les fonctions, à compter du 1.ᵉʳ Floréal an 5, aux appointemens y attachés, et à la charge par lui de se conformer aux lois et instructions relatives au service. La présente Commission valable pour l'année courante.

Fait à Toulouse, en notre Bureau général, le 1.ᵉʳ Germinal an 5.ᵉ de la République.

Signés, HANGARD, BARON et AUDIBERT.

Pour copie conforme à l'original que nous a exhibé M. Tintelin, Garde-magasin des vivres :

Le Chevalier de l'Empire, Commissaire des guerres du Département de l'Ariège,

BURDIN.

13.ᵉ DIVISION MILITAIRE. — DIRECTION DE RENNES.

Place de Quimper.

Je soussigné, certifie que le Citoyen Tintelin a rempli, à Quimper, pendant le mois d'Avril 1793, les fonctions d'Aide-Garde-magasin des vivres, avec tout le zèle, toute l'activité et l'intelligence qu'on peut attendre d'un excellent employé.

Quimper, le 10 Thermidor, 4.ᵉ année Républicaine.

Le Garde-magasin des vivres, Signé, NOEL.

Pour copie conforme à l'original que nous a exhibé M. Tintelin, Garde-magasin des vivres de ce Département :

Le Chevalier de l'Empire, Commissaire des guerres de l'Ariège,

BURDIN.

ARMÉE DE L'EXPÉDITION DE LA HOLLANDE.

LE NOBLE, Commissaire des guerres, faisant fonctions de Commissaire ordonnateur.

Je certifie qu'en Mars 1793, ayant été détaché de l'armée de la Belgique, pour l'expédition d'Hollande, et me trouvant à Breda, où je reçus l'ordre d'y rester avec la garnison, tandis que l'armée se repliait sur Anvers; malgré la consigne que j'avais donnée, tous les employés d'Administration ayant profité de la précipitation avec laquelle se faisait la retraite pour sortir de la ville, je rencontrai le Citoyen Tintelin, Garde-Magasin des vivres de la place, à qui je dis que la position dans laquelle je me trouvais me forçait de le retenir près de moi, qu'il ait à se rendre dans mon bureau pour se concerter avec moi et recevoir mes ordres, afin de faire rentrer des vivres dans la place qui n'était approvisionnée alors que pour trois jours.

Je certifie que le Citoyen Tintelin, par son activité, son intelligence, contribua beaucoup à me faire approvisionner cette place, et à faire croire que nous avions des vivres pour un an, ce qui en grande partie nous fit avoir une capitulation aussi honorable, quoiqu'éloigné de nos troupes de cinquante-cinq lieues.

Saumur, le 20 Fructidor, an 4.ᵉ *Signé*, LE NOBLE.

Pour copie conforme à l'original que nous a exhibé M. Tintelin, Garde-magasin :

Le Chevalier de l'Empire, Commissaire des guerres du Département de l'Ariège,

BURDIN.

Armée des Côtes de l'Océan.

Le Préposé en chef des vivres de l'arrondissement de la grande division de l'ouest, Armée des côtes de l'Océan, certifie que le Citoyen Tintelin a rempli les fonctions de Garde-magasin, à Ancenis, avec tout le zèle et l'intelligence possible ; qu'il a prouvé par la rédaction de ses comptes l'exactitude et l'intégrité de sa gestion.

En foi de quoi je lui ai délivré le présent pour lui servir et valoir ce que de raison.

A Rennes, le 30 Ventôse, l'an 4.°   *Signé*, HUROT.

Le Chevalier de l'Empire, Commissaire des guerres du Département de l'Ariège, certifie le présent conforme à l'original que nous a exhibé M. le Garde-magasin Tintelin,

BURDIN.

Copie de la lettre écrite par les Administrateurs-généraux des Subsistances militaires des Vivres, le 16 Thermidor an 4,

Au Citoyen Clauzier, chef divisionnaire du service, à Perpignan.

Nous avons reçu, Citoyen, votre lettre du 2 de ce mois : elle nous transmet la déclaration du Citoyen Tintelin, dont vous nous donnez un témoignage avantageux, et nous demande de l'attacher à notre Administration. Nous nous proposons de le donner pour successeur à l'inspecteur Charles, que nous avons intention de faire passer au Nord, quand il aura terminé sa comptabilité.

Salut et fraternité,

Signés, CLEMENT, LEPAYEN, DUPERROT, AUGUIÉ, FRIZON, GOULLIN, de St.-Même, CERDET, DENIOT.

Pour copie conforme à l'original que nous a exhibé M. Tintelin, Garde-magasin des vivres :

Le Chevalier de l'Empire, Commissaire des guerres de l'Ariège,

BURDIN.

10.ᵉ DIVISION MILITAIRE.

A Perpignan, le 14 Brumaire an 4 de la République.

CLAUZIER, *Chef du service des Vivres,*

Au Citoyen Tintelin, premier Commis à la comptabilité des Vivres, à Perpignan.

C'EST avec bien du plaisir, Citoyen, que je vous annonce votre nomination à la place de premier Commis à la comptabilité des Vivres. L'Agence vient de m'annoncer que vous serez compris dans les états en cette qualité, à partir du 1.ᵉʳ Vendémiaire.

Salut et fraternité,   *Signé*, CLAUZIER.

Pour copie conforme à l'original que nous a exhibé M. Tintelin, Garde-magasin des vivres du Département :

Le Chevalier de l'Empire, Commissaire des guerres du Département de l'Ariège,

BURDIN.

Toulouse, ce 26 Janvier 1808.

L'Agent en chef dés Vivres de la guerre de la 10.ᵉ Division militaire,

Atteste et certifie que le Sieur Tintelin, Garde-magasin des vivres dans le Département de l'Ariège, s'est toujours conduit avec loyauté et intégrité ; qu'il a rempli ses fonctions avec zèle, et qu'il connaît parfaitement son service. En foi de quoi je lui ai délivré le présent.

Signé, DOUMERC.

Pour copie conforme à l'original que nous a exhibé M. Tintelin :

Le Chevalier de l'Empire, Commissaire des guerres du Département de l'Ariège,

Paris, le 15 Novembre 1811.

Le Comte de l'Empire, Conseiller-d'État, Directeur-Général des vivres de la guerre;
A M. Tintelin, Garde-Magasin à Foix.

J'ai reçu, Monsieur, avec votre lettre du 3 novembre, la double expédition du procès-verbal de prise par l'ennemi, dressé par le Maire d'Ax, après la retraite du corps d'insurgés espagnols, qui s'est avancé jusqu'à cette ville, dans la nuit du 29 au 30 octobre.

J'ai lu avec satisfaction le compte que vous me rendez de la conduite de M. le Maire d'Ax, dont la présence d'esprit, le zèle et le dévouement ont sauvé l'approvisionnement important en farine et en biscuit que l'ennemi aurait pu enlever ou piller.

Je remarque aussi que vous me signalez le sieur Belesta fils votre Sous-Préposé à Ax, comme étant resté fidèlement à son poste et ayant heureusement concouru à sauver le dépôt confié à sa garde, et que vous sollicitez en sa faveur une gratification de *six cents francs*.

En adressant à S. Exc. une des deux expéditions du procès-verbal qui étaient jointes à votre lettre, je me ferai un plaisir de lui faire remarquer le service important rendu au Gouvernement par M. le Maire d'Ax, auquel d'ailleurs j'écris moi-même une lettre de satisfaction et de remercîments.

Quant au sieur Belesta, je suis disposé à solliciter auprès de S. Exc. une gratification ainsi que vous le demandez en sa faveur. Avant de faire une proposition formelle à cet égard, je crois devoir provoquer un rapport de M. le Maire d'Ax sur la conduite de ce Préposé, sur le besoin qu'il pourrait avoir d'une gratification, et sur les considérations qui militent en sa faveur pour la lui faire accorder.

J'ai lu aussi avec intérêt l'instruction prévoyante que vous avez donnée au sieur Belesta et qui a pu concourir à le diriger dans cette circonstance difficile. (Le procès-verbal en fait mention de la sorte.)

« Nous Maire et Sieur Belesta susdits, d'après les instructions reçues de M. Tintelin, pour éviter le
» pillage entier de la réserve, avons assisté aux distributions de pain que les espagnols faisaient à main armée. »

Vous aurez soin de faire dresser des procès-verbaux distincts pour toutes les pertes de pain qui ont été faites sur les divers points de la frontière, etc.   Je vous salue,   *signé* MARET.

Pour copie conforme à l'original qui m'a été représenté par M. Tintelin, garde-magasin,
Le Chevalier, Commissaire des guerres du Département de l'Ariège,   *signé* BURDIN.

Copie de la lettre écrite par le Ministre de la guerre, de Buonaparte,
A Monsieur le Commissaire-ordonnateur de la 10.ᵉ division militaire.

Paris, le 2 Juin 1815.

Monsieur, par sa lettre du 22 Mai, M. le Préfet du Département de l'Ariège, m'a informé,

1.º Que depuis l'entrée des Bourbons sur le territoire français, le sieur Tintelin, garde-magasin des vivres à Foix, s'est montré leur plus grand partisan; qu'il continue à manifester les sentimens d'un royaliste, et tient, dans les endroits publics, des propos indécens, et quelques fois séditieux ;

2.º Que s'il n'eut craint de compromettre le service, ce préposé aurait pu être l'objet d'une mesure de police.

Je vous préviens que j'ai donné ordre au munitionnaire général des vivres de remplacer sur-le-champ le sieur Tintelin, par un Préposé qui ait les connaissances nécessaires pour le service, et dont le patriotisme ne soit point douteux. Recevez, etc.

Pour le Ministre de la guerre · *Le Ministre d'État, signé* DARU.

Pour copie conforme : *Le Commissaire ordonnateur de la 10.ᵉ division, signé* FORNIER-MONTCAZAL.

Pour copie conforme envoyée par M. le Commissaire ordonnateur :
Le Commissaire des guerres de l'Ariège, BURDIN.

www.ingramcontent.com/pod-product-compliance
Lightning Source LLC
Chambersburg PA
CBHW062005070426
42451CB00012BA/2695